कविताएँ

वक़्त ज़रूरत

वक़्त ज़रूरत

कविताएँ : 2014-2024

अविनाश मिश्र

राजकमल प्रकाशन

ISBN : 978-93-6086-380-7

मूल्य : ₹450

पहला संस्करण : 2024

प्रकाशक : राजकमल प्रकाशन प्रा. लि.
1-बी, नेताजी सुभाष मार्ग, दरियागंज
नई दिल्ली-110 002
शाखाएँ : अशोक राजपथ, साइंस कॉलेज के सामने, पटना-800 006
पहली मंजिल, दरबारी बिल्डिंग, महात्मा गांधी मार्ग, प्रयागराज-211 001
1, अनमोल सोराबजी सन्तुक लेन, धोबी तलाव, मरीन लाइंस, मुम्बई-400 002
वेबसाइट : www.rajkamalprakashan.com
ई-मेल : info@rajkamalprakashan.com

मुद्रक : विकास कंप्यूटर एंड प्रिंटर्स
ट्रॉनिका सिटी-201 102

WAQT ZAROORAT
Poems by Avinash Mishra

स्मृति-शेष
सुमति मिश्र के प्रति
जिन्होंने पढ़ने-लिखने-समझने
योग्य बनाया

जहाँ सूखे बबूलों की कँटीली पात
भरती है हृदय में धुंध डूबा दु:ख
भूखे बालकों के श्याम चेहरों साथ
मैं भी घूमता हूँ शुष्क
आती याद मेरे देश भारत की

—मुक्तिबोध

क्रम

वक़्त ज़रूरत

अगर कोई और समय होता

मैं चीख़ पड़ता भय से
अगर अकेला होता

भर जाता घृणा से
अगर नाउम्मीद होता

लिथड़ा रहता आत्मदया के पंक में
अगर मेरा कोई इतिहास न होता

बन जाता और दुःखी
चाहता और सहानुभूति
अगर सामने संसार न होता

मुद्दे

किस मुद्दे पर लौट आऊँ
उस जगह पर जहाँ व्यक्त हो सकूँ
किस मुद्दे पर लौटाऊँ
वह सब कुछ जो अब तक मेरा है
किस मुद्दे पर लौट आऊँ
वहाँ जहाँ सब कुछ हैं और कुछ भी नहीं है
किस मुद्दे पर हो आऊँ जंतर-मंतर
किस मुद्दे पर घर
किस मुद्दे पर दिखाऊँ पीठ
किस मुद्दे पर सीना
किस मुद्दे पर लिख दूँ न्यूनतम पाँच सौ
या अधिकतम आठ सौ शब्द
किस मुद्दे पर लिखूँ कविता
किस मुद्दे पर दे दूँ साक्षात्कार
किस मुद्दे पर मुद्दा बन जाऊँ
किस मुद्दे पर कह दूँ
कोई मुद्दा नहीं है ये...

दूसरे शब्दों में नहीं

धोखा नहीं दूँगा
कह दूँगा यह काम मुझसे होगा नहीं

इंतिज़ार नहीं करवाऊँगा
समझा दूँगा वे शक्लें मुझे पसंद नहीं

लिया है जो कुछ लौटाऊँगा
नहीं रखे रहूँगा अपना समझकर

नीबू-मिर्च की तरह लटकता रहेगा
मेरे व्यवसाय पर मेरा विश्वास

सारे संदेशों का जवाब दूँगा
भले ही एक शब्द में

व्यवहार

हिंसा
व्यवहार में
अन्याय के प्रतिकार में चली आई

यह मनुष्यता थी
नैतिकता थी
या
कायरता
कि प्रायश्चित भी चला आया

कहीं नहीं

पिथौरागढ़ या शिमला
रायपुर या मंडला
पटना या टूँडला...
कहीं नहीं जाऊँगा

जहाँ-जहाँ बुलाया जाऊँगा
वहाँ-वहाँ नहीं जाऊँगा

जाऊँगा
जब नहीं बुलाया जाऊँगा

बिन बुलाए परिचित की तरह
या अयाचित अपरिचित की तरह जाऊँगा

जा धमकूँगा सुख की तरह
भूख की तरह लग जाऊँगा

बीमारियों और पुरस्कारों की तरह नहीं जाऊँगा
अपनी ही ग़लती अपनी ही साज़िश से नहीं जाऊँगा

जाऊँगा
शिविरबद्धता और उत्सवधर्मिता के आमंत्रण-पत्रों को फाड़कर

असमंजस की तरह नहीं
दृढ़ता के साथ जाऊँगा

बग़ैर तस्वीर की ख़बर की तरह जाऊँगा
नहीं जाऊँगा पत्रकार की तरह

प्यार की तरह जाऊँगा
पराजितों की तरह नहीं

मैं कवियों से

मैं कवियों से न मिलने वाला ठहरा
क्योंकि फिर मैं उनकी फ़िक्र करने वाला हुआ
मैं उनसे बात नहीं करने वाला हुआ
क्योंकि फिर मैं उन्हें मना नहीं करने वाला ठहरा
मैं उनके काम नहीं लेने वाला ठहरा
क्योंकि फिर मैं नहीं थकने वाला हुआ
मैं उनकी फ़िक्र में
उनकी बातों में
उनके कामों में
नहीं सोने वाला ठहरा
क्योंकि अगर सो रहा
तो फिर कोई कितना ही जगाए
मैं नहीं उठने वाला ठहरा

अज्ञातकुलशील

मेरे कपड़ों से मेरे दुःख का पता नहीं चलता
मेरी कविता से मेरी विचारधारा का
मेरे नाम से मेरी जाति का पता नहीं चलता
मेरी गुमनामी से मेरे पाखंड का
मेरे सारे कपड़े मेरे भाई के दिये हुए हैं
किसी ईश्वर का इसमें कोई योगदान नहीं
मेरी कविता जैसी भी है ईश्वरीय है
किसी विचारधारा का इसमें कोई योगदान नहीं
मेरे नाम में जो कुछ भी ख़राब है
वह विचारधारा की वजह से है
मेरी जाति का इसमें कोई योगदान नहीं
मेरी गुमनामी का सौन्दर्य नामचीनों की उदारता है
मेरे पाखंड का इसमें कोई योगदान नहीं

धातु जो पहचानी नहीं गई

वे अक्सर घेर लेते हैं
नगर की सबसे चालू जगहों पर

वे कहीं से आए ज़रूर हैं
मटमैले थैलों और गंदली अटैचियों के साथ
अस्त-व्यस्त-से

नगर ने खींचा उन्हें
और छीन लिया उनसे उनका अर्थ
काट ली उनकी जेब
काट दीं उनकी जड़ें

उनके साथ हैं स्त्रियाँ और बच्चे
कुछ तो इतने छोटे कि लगे हुए स्तनों से

उनका एक भी वाक्य
अब कोई सुनना नहीं चाहता
सब इतनी बार खा चुके हैं धोखा
कि हो चुके हैं समझदार

लेकिन अगर उन्हें कोई थोड़ा-सा भी सुन ले
तब वे अन्याय पर कोई विमर्श नहीं करते
बस थोड़ी-सी मदद माँगते हैं
ख़ुद को बहुत दूर से आया हुआ बताकर

वे लौट नहीं पा रहे
लौटना चाहते हैं

और क्या कहेंगे

इतनी अच्छी थी उनकी तक़दीर
कि ग़ुलामियों की ओर ले जाती रेलगाड़ियों में
मिल गई उन्हें ख़ुद को टिकाने की जगह

इतनी अच्छी थी उनकी तक़दीर
कि किसी ने नहीं समझा उन्हें देशद्रोही या दहशतगर्द

इतनी अच्छी थी उनकी तक़दीर
कि जेबकतरों ने उन्हें अछूत माना
और सलामत रहे उनके सस्ते मगर कैमरेवाले फ़ोन
उनके मैले कपड़ों और उधड़े झोलों में कहीं बजते हुए

इतनी अच्छी थी उनकी तक़दीर
कि सकुशल वहाँ पहुँच जाने की ख़बर थी उनके पास

जहाँ बहुत धूल थी और बहुत भीड़ और बहुत यातना
ये बहुत धूल और बहुत भीड़ और बहुत यातना
रोज़ कुछ बीमार और कुछ उम्मीदवार
और कुछ ज़िन्दा छोड़ देती थी—
भक्त बनने के लिए

इसे अच्छी तक़दीर नहीं तो और क्या कहेंगे
कि सत्ताएँ बदल जाती थीं
और लौटने के विकल्प खुले रहते थे

भूख की तस्वीर

कौर बनने को प्रस्तुत भोजन की तस्वीरें खींचकर
उन्हें सार्वजनिक कर रहे लोगों को मैं इस तरह पहचानता हूँ
कि उनके जीवन में अन्न का कोई संकट नहीं

वे दूर हैं इन तस्वीरों से जिन्हें अन्न का संकट है

भूख निराधार नहीं है उनकी
लेकिन भूख में वे कभी आधार के बारे में नहीं सोचते

भूख में जब मिलता है अन्न
तब वे उसे खाते हुए भूख के बारे में नहीं सोचते

भूख में जब नहीं मिलता अन्न
तब बन जाती हैं उनकी तस्वीरें
जिन्हें सार्वजनिक किया जाता है—
कौर बनने को प्रस्तुत भोजन की तस्वीरों की तरह

नोटबन्दी

क़तारों की तरह घटना-बढ़ना चाहिए—
अपनी शीतलता और अपने धब्बों के साथ

ख़ुद को चाँद नहीं रोटी समझना चाहिए—
एक बहुत तेज़ चलती हुई सड़क के सबसे उपेक्षित किनारे पर
ईंटों के चूल्हे पर पकती हुई रोटी

किसी को खाते देखकर कितनी ख़ुशी होती है
यह वही जानता है जो कभी भूखा रहा हो

डूब

वहाँ भी बहुत कुछ डूब रहा है
जहाँ बाढ़ जैसा कुछ नहीं

स्वर डूब रहे हैं और उम्मीद भी

समझदारियाँ बह रही हैं
आँखों के फ़ालतू जल में

डूब और रुदन को स्थायी करने के लिए
सारी सुरक्षित सजीवताएँ परस्पर संवाद कर रही हैं

मक्कारियाँ बहाए लिए जा रही हैं सारी बैठकें
सारी योजनाएँ डूब रही हैं
डूब रहे हैं सारे फ़ैसले
सारे उपचार

कम हो रही है प्राणवायु
साँसें अब सहज नहीं हैं

इस दृश्य में

प्यार के अनुरोध को अधराह छोड़
सब अब नफ़रत की गाड़ी में सवार हैं

सारी सहमतियाँ और स्वीकृतियाँ और सर्वानुमतियाँ
अब नफ़रत के पक्ष में हैं

सब अब अकेले नहीं
समूहों में नफ़रत कर रहे हैं

प्रेम के प्रांगण में अब कोई सेमिनार सम्भव नहीं

इस दृश्य में जो कह सकते हैं
वे लगातार मारे जा रहे

जो नहीं कह सकते
बहुत पहले ही मर चुके

उनके ख़िलाफ़

मैंने उनके ख़िलाफ़ कुछ कहा
तो उन्होंने मुझ पर पाबन्दी लगाई
मैंने इस पाबन्दी के ख़िलाफ़ कुछ कहा
तो उन्होंने फिर मुझ पर पाबन्दी लगाई
इस सिलसिले में इस क़दर दुहराव रहा
कि अब मैं उनके ख़िलाफ़ कुछ नहीं कहता
यह छोड़कर कि उन्होंने मुझ पर पाबन्दी लगाई

असुन्दर

सुन्दर है तुम्हारा सम्प्रदाय
सुन्दर है तुम्हारी साम्प्रदायिकता
सुन्दर है तुम्हारा ध्वज
सुन्दर है तुम्हारी हिंसा
सुन्दर है तुम्हारा ईश्वर
सुन्दर है तुम्हारी घृणा
सुन्दर है तुम्हारा रंग
सुन्दर है तुम्हारी परम्परा
सुन्दर हो तुम और तुम्हारा राष्ट्र

पर तुम इसे बचाते क्यों नहीं?...!

सुन्दरता, अभी रहने देते हैं

सुन्दर! सुन्दर!
शिव-शिव के स्थान पर
मैं चाहे जितना रट लूँ,
सत्य यह है—
सुन्दर इधर कुछ है नहीं

कई मोर्चे खुले हुए हैं—
बेहद असुन्दर और व्यर्थ
ज़िम्मेदारियों और जवाबदेहियों से भरे हुए—
इनमें रोज़ सुबह एक तय वक़्त पर घर से निकलना
और रात किसी भी वक़्त तक सुरक्षित लौट आने का मोर्चा भी है

मैंने सारे मोर्चे
एक सफ़ेद काग़ज़ पर
नीली स्याही से लिखकर
सँभालकर
क़मीज़ की जेब में रखे हुए हैं

सुन्दरता के लिए जगह नहीं है

नई नागरिकता

अब बग़ैर ताक़त के जीना मुश्किल है
ताक़त का कोई अमूर्तन अब काम नहीं आ रहा
जैसे कोई कहे—
उसके पास शब्दों की ताक़त है
तो उसके मुँह पर दो घूँसे मारे जाएँ
और दो आदमी उसे इतनी दूर तक घसीटते हुए ले जाएँ
कि सारे शब्द साथ छोड़ दें
और सिर्फ़ एक कराह और बहता हुआ ख़ून ही
सच की तरह साथ रहा आए

कोई अगर यह कहे—
उसके पास एक विचार के पक्ष में खड़े रहने की ताक़त है
तो उसकी टाँगें लोहे के रॉड से तोड़ दी जाएँ
या बरसा दी जाएँ उस पर गोलियाँ

कोई अगर यह कहे—
वह दर्ज करता है हस्तक्षेप
तो एक बर्बर भीड़ घेर ले उसे
सब तरफ़ से

नई शिक्षा नीति

नई शिक्षा नीति तब ही आ गई
जब वे शपथ लेने आए

वर्ष नहीं लगे कुछ ही वक़्त में
दिमाग़ को छोड़कर देह का सब कुछ स्नातक हो गया
फिर और ऊँची शिक्षा...
जिसे देना था भीड़ के बीच घुलकर उन्हें
जिन्हें इस नई शिक्षा नीति का कुछ पता नहीं था

जिनकी शिक्षा पुरानी थी
वे राष्ट्रद्रोही हो गए

जिन्हें क्षणजीवी होना था
नाउम्मीदियाँ वे स्थायी हो गईं

आस-पास का समाज इस क़दर विद्वान हुआ
कि विश्वविद्यालयों की ज़रूरत न रही
किताबें दुश्मन हो गईं
लेखकों को कारागार में डाल दिया
और सब कुछ सही लगने लगा

नई शिक्षा नीति ने ख़त्म कर दिया ग़ुस्सा

कह देना और कहते रहना

थकान और बेचैनी जिन्हें हुई
हुआ जिन्हें सिर-दर्द
वे निकल लिये

जुनून शिथिल हो गया

बेहतर था चुप रहना
या कहना तो ग़लत कहना

वहाँ भी अशिक्षा ले आई
नई शिक्षा नीति
जहाँ अशिक्षा नहीं थी!

क्या लग रहा है

हवा वसन्त की नहीं लग रही है
जनता लोकतंत्र की नहीं लग रही है
भूख पेट की नहीं लग रही है

नई पीढ़ी संदिग्ध लग रही है
प्राचीनकाल से ही लग रही है
आपकी उम्मीद भार लग रही है

यह स्थिति अवकाश लग रही है
जबकि बाहर आग लग रही है
मुझे प्यास लग रही है

भारी भय जाने वाला है
और भारी आने वाला है
वह भी जाने वाला है

एक युग

एक युग बीत गया
सुन्दर वाक्य पढ़ते-पढ़ते
आह्लाद मुझे ले डूबा
अपने कमरे में
ठंडे बिस्तर पर लेटकर
फ़ोन-स्क्रीन पर अँगूठा ऊपर-नीचे करते-करते
मैं क्रान्ति में झुलस गया

उन सबका पतन हुआ
जिनके पास दृष्टिकोण था

आत्मा पर निगरानी न रही
पहले-सी

सब कुछ बिकने लगा

बढ़ती उम्र के ये सिलसिले रहे
दोस्त एक-एक कर कम हुए
मृत्यु ने नहीं ज़िन्दगी ने छीना उन्हें
हस्तलिपि
पिता की
हस्तलिपि से मिलने लगी
और असफलता भी
भाषा में पूर्वजों के दुःख चले आए
और आँखों में माँ के आँसू!

हस्तलिपि

वह बहुत ख़राब है

दूसरों की नहीं जानता
मैं उसे देखते हुए डरता हूँ

उसे सीने से लगाने के लिए
अन्धकार की ज़रूरत पड़ती है

भ्रष्ट है वह इतनी सब तरफ़ से
कि उसकी नोक और पलक सँवारने में
आँखें जवाब दे जाती हैं—
बैरंग पतों पर

जब मैं नहीं रहूँगा

—संशय है—
वह रहेगी—
मेरे अप्रकाशित को प्रकाशित करती हुई
वह समझी नहीं जाएगी
या समझ ली गई
तब भी क्या ही समझी जाएगी!

सतह के संस्तर

बेबुनियाद बातों से भरा
जीवन जीने में
कितना तो सुख है

कितना तो सुख है
घटियापन के
पीछे चलने में

सुख ही सुख है
सुरक्षा का दामन
न छोड़ने में

कितना तो सुख है
सुन लेने में
और न कहने में!

बादशाह

वे इस रफ़्तार से घुसे बाग़ में—
उड़ गईं चिड़ियाँ

वे इतने प्यासे थे—
सूख गईं नदियाँ

वे इतने भूखे थे—
बंजर हुईं धरतियाँ

वे इतने नंगे थे—
बेचैन हुईं बुननेवालियाँ

वे इतने कामुक थे—
कुम्हला गईं दासियाँ

वे इतना बोलते थे—
थूक पोंछती थीं रानियाँ

लोग

शेर के पक्ष में रहेंगे
शेर के विपक्ष में रहेंगे

एक रोज़ शेर नहीं रहेंगे

शेर पर राय रहेगी

जब आपकी राय पूछी जाए

जब आपकी राय पूछी जाए
तब आप एक अमूर्तन से काम लें
इस अमूर्तन में आपकी बेरंग प्रतिबद्धता
और अन्धी युयुत्सा नज़र आए

जब आपकी राय पूछी जाए
जहाँ तक मुमकिन हो ढुलमुल उद्धरण याद कर लें
संस्मरणों में घालमेल से काम लें
आपका अनुभव ख़ुद को अकेला पाए

जब आपकी राय पूछी जाए
कुछ ऐसा करें कि आप पैदाइशी कमीने न लगें
यों लगे कि आप समकालीन प्रशिक्षण की उपज हैं
बार-बार आपकी ज़रूरत पड़ती जाए

जब आपकी राय पूछी जाए
वक़्त लें ताकि शब्दों में सफ़ाई रहे, वाक्यों में ठहराव
आवेश अगर कहीं हो तो उसे नियंत्रित रखें
आपके चेहरे पर आपका डर न नज़र आए

जब आपकी राय पूछी जाए

समकालीनता

बहुत सारी कविताएँ हैं
आँखों के सामने
मैं एक भी रच नहीं पा रहा हूँ

मुझे प्रकाश चाहिए
अँधेरे में नहीं रच सकता मैं

अँधेरा—बहुत मूर्त औ' घना—
सारे शब्दों को व्यर्थ करता हुआ
मुक्तिबोध और सिनेमाघरों का नहीं
मेरे तलघर का अँधेरा

यह गतिरोध
मेरे प्रतिरोध पर हावी है

मेरी इच्छाएँ
मेरी राजनीतिक चेतना पर
मेरी मुक्ति
मेरी पक्षधरता पर
मेरी भूलें
मेरे वर्ग पर

असमर्थ और वेध्य हूँ मैं
और
चुप
भी!

समकालीनता : दो

समय कविता-विरोधी नहीं है
वह बस कविता को एक प्रस्ताव की तरह स्थगित रखना चाहता है—
स्वप्न और परिवर्तन की सम्मिलित शैली में
वह क्षण आए, जब घृणा वश में हो और भय भी
और समय कविता के आगे नतमस्तक हो
कविता समय को स्वीकार करे
क्योंकि एकतरफ़ा स्वीकार से कुछ नहीं होता
इसलिए ही समकालीनता इस तथ्य पर आधारित है
कि एक समय के बाद अगर समय कविता को न छोड़े
तब कविता उसे छोड़ देती है

कविताएँ

इतनी कविताएँ हैं
मनुष्य से मनुष्य के प्रेम की
मेरी एक भी कविता नहीं

बेशुमार कविताएँ हैं
पशुओं-परिंदों-पत्थरों
प्रकृति के प्रति प्रेम की

भाषा-दर्शन-अध्यात्म-मनोविज्ञान-
इतिहास-समाजशास्त्र-राजनीति...
मेरी एक भी कविता नहीं

कविताएँ मेरी होनी थीं
पर अ-कवियों पास जगह घेर रहीं
इसलिए मेरी नहीं रहीं

स्खलन

मैं कब लिख सकूँगा
‘स्त्री’ शीर्षक से एक कविता

‘ईश्वर’ और ‘प्रार्थना’ शीर्षक से
कब पुकारेगी कविता मुझे

‘प्रेम’ और ‘घर’ और ‘दुःख’ और ‘भूख’ और
‘क्रान्ति’ को
कब बनाऊँगा शीर्षक

कब लिख सकूँगा
कार्ल मार्क्स को ख़ुश करती एक कविता

मैं कब लिख सकूँगा
कविता!

आस्था,
तुम मुझे बर्बाद करती हो!

सच्चा कार्यकर्ता

उसकी ज़िन्दगी का ज़्यादातर हिस्सा
सदा से एक भेड़ होने की सदिच्छा से संचालित रहा है
इस प्रकार का संचालन ज़्यादातर कार्यकर्ताओं को
अन्तत: एक ऐसे व्यक्ति में बदल डालता है
जो जुलूस में चलते हुए जुलूस के उद्‌देश्य पर नहीं
इस पर सोचा करता है कि पता नहीं अभी और कितना चलना है

सम्भवत: वह एक सच्चा कार्यकर्ता नहीं है
एक सच्चा कार्यकर्ता जानता है—
उसका काम क्या है
और क्या नहीं

व्याख्यातीत

एक क़स्बाई गर्म दुपहर में
ठेले पर फ़ालसे बेचती आवाज़ के शोर में
वह धीमे-धीमे बसता एक घर है—
किसी लोक-गायक की तरह व्यर्थ
किसी किसान के सन्ताप की तरह अप्रासंगिक

वह चाहती है—यहाँ उन मज़दूरों का ज़िक्र भी आए जो बहुत दूर तक साथ रहे
फिर आगे निकल गए अपनी-अपनी साइकिल पर अपनी-अपनी संगिनी को आगे बिठाए हुए

निर्णायक के चेहरे की हँसी से घायल
वह किसी आंदोलन की दिशाहीनता-सी है—
बहुत देर से लगी हुई भूख में आख़िरी खुली दुकान में रखे समोसों की तरह
वह क़तार में कम होते चले जाने का इंतिज़ार है

वह चाहती है—यहाँ भविष्य का ज़िक्र रहने दिया जाए

क्या-क्या नहीं हुआ महेश के जीवन में

प्यार से प्रारम्भ कर
उत्तेजना पर शेष किया महेश ने

संसारप्रसिद्ध उद्धरणों को दुहराता हुआ वह
गुज़रता रहा संकट के आतंक से

जिन किताबों ने बनाया उसे
वह छूता रहा उन्हें अँधेरे में

एक ही रूप में सब पहर खोया हुआ
जैसे संग-ए-मरमर हो स्याही से धोया हुआ

वह रात गए लौटता रहा
साइकिल पर दिन-भर रिपोर्टिंग करने के बाद

तेज़ी से बदल रही थीं ख़बरें
लेकिन उसकी दिलचस्पी
ख़बर बनाने में नहीं
घर बनाने में रही आई

धूल

जब कहीं कुछ नज़र नहीं आ रहा,
धूल आ रही है
धूल ही चीज़ों की मदद कर रही है कि वे सामान्य हो सकें
वह मृत्यु के बाद श्रद्धांजलियों, संस्मरणों, शोक-सभाओं और अन्तिम
संस्कार सरीखी है

जीवन सब तरफ़ खुदा पड़ा है—
किसी भारी पत्थर से हरेपन को कुचलता हुआ
सब तरफ़ इतना काम हो रहा है,
सब तरफ़ इतनी चुनौतियाँ हैं कि जीवन किसी भी गली में मुड़े
धूल सब तरफ़ से घेरती हुई दिखती है
हाथ उसे हटाने के चिन्तातुर मंसूबों में घायल हुए जाते हैं

कोई अगर कहे—जीवन धूल पर एक निबन्ध है
तब वह ग़लत नहीं होगा,
बशर्ते वह इस निबन्ध को पूरा माने!

अन्ततः सब कुछ ठीक हो जाने के दिन

सुबह उठो तो दुनिया कितनी निराशा से भरी हुई मिलती है
लेकिन धीमे-धीमे सब ठीक होने लगता है
और खोई हुई मामूली चीज़ों का मिल जाना भी आश्चर्य से भर देता है
लोग उतने बुरे नहीं लगते जितने बुरे वे हैं
राजनेताओं और चापलूसों तक के चेहरे अच्छे लगने लगते हैं
एक ख़त्म नहीं होती असुरक्षा में न्यूनतम अच्छाई की तलाश महत्त्वपूर्ण
लगने लगती है
समूह में विवेक जागता हुआ नज़र आता है
और सब जगह सब कुछ के लिए थोड़ी-थोड़ी जगह बनने लगती है
साँस में साँस आने लगती है
और रंग में और बहुत सारे रंग
सुर में और सुर
सब तरफ़ हर्ष और उल्लास से भरा कोरस गूँजने लगता है
इस तरह अन्ततः सब कुछ ठीक होता है
और तकिये पर पड़ा हुआ मस्तिष्क शिथिल

होना

आस्तिक होना अब बहुत सस्ता है
अनास्था में होना बहुत बग़ावती

सब तरफ़ होने के कर्मकांड हैं
सब तरफ़ होने से घायल है विवेक

त्रासदी पर हँस रहा है होना
होना ख़ुद त्रासदी है

सम्बन्धमूलक

मुझसे पुरानी है मेरी जाति
जैसे बाँध से पुरानी है नदी
चुनावों से पुरानी है राजनीति
पुजारियों से पुराना है धर्म
तानाशाहों से पुराना है युद्ध
पात्रों से पुराना है पानी
दार्शनिकों से पुराना है दर्शन
और कवियों से पुरानी है कविता
यह बताती हुई कि
जब तुम कोई स्वप्न देखते हो
वह तुमसे पहले
उसे देख चुकी होती है

हाँ हूँ

मैं
कई वर्षों तक
जान नहीं पाया—
मैं क्या हूँ

तब अपने नाम से मिश्र हटा चुके
कुछ मिश्र आए
उन्होंने मुझे बताया—
मैं ब्राह्मण हूँ

आज नहीं

आज नहीं
बहुत पहले कहा था
एक महात्मा ने नहीं
एक मनुष्य ने—
नींद की अवधि कम होनी चाहिए

बहुत पहले बताया था
एक चिकित्सक ने नहीं
एक पीड़ित ने—
अत्याचारियों को
एक दिन में इक्कीस घंटे सोना चाहिए

आज नहीं
बहुत पहले रची थीं
महर्षियों ने नहीं
कवियों ने वे कविताएँ
जो आज काम आती हैं

एक सलाह का एकांगीपन

वह चीज़ जिससे आपको पहचान मिलती है
ज़िन्दगी-भर आपका पीछा नहीं छोड़ती
इसलिए बेहतर है जहाँ तक सम्भव हो
मौलिक होने की कोशिश की जाए

मौलिक न हो पाने पर
कुछ न हो पाना भी मौलिक है

मत उड़ाओ दूर देश के किसी अपरिचित कवि की पंक्तियाँ
किसी फ़िल्मकार के दृश्य चुराने से बचो

उनके संवाद अलग हैं तुम्हारे संवादों से
उनके तूफ़ान अलग हैं तुम्हारे तूफ़ानों से
उनका वक़्त भी तुम्हारे वक़्त से अलग है

वे जो खाते हैं—रचना में—तुम्हें हज़्म नहीं होगा
भले ही तुम उसका नाम बदल दो
उनका काम अलग है तुम्हारे काम से
यह काम तुरंत करो तुम अपना काम बदल दो

विषय ही विषय हैं पास-पास
उनमें उतरोगे तो उन्हें कह भी लोगे

दूसरों के युद्ध तुम्हारे युद्ध नहीं हैं
तुमने अभी युद्ध देखा ही कहाँ है

निगाह-ए-ग़ैर से मंसूब होने की ज़रूरत क्या है
अपनी आज़ादी को देखो
ठीक से देखो
वह बची भी है या नहीं
क्योंकि जब तक चुनना नहीं पड़े
पता नहीं चलता—ज़रूरी क्या है?

ख़राब चीज़ें

ख़राब हुईं चीज़ें भी
एक रोज़
ख़ुद-ब-ख़ुद ठीक हो जाती हैं

यहाँ-वहाँ सब तरफ़ जितनी भी चीज़ें थीं
सुबह से लेकर रात तक काम आने वाली
मानवीय अस्तित्व और व्यवहार को प्रकाशित करने वाली
वे जब चलते-चलते रुकने को हुईं
और ख़राब लगने लगीं
विस्मृति उन्हें पुकारने लगी
वे ठीक हो गईं

वे उस तरफ़ मुड़तीं जिधर ख़राबियाँ थीं
इससे पहले ही सही दिशा में चलने लगीं

और यह ख़ुद-ब-ख़ुद हुआ
चीज़ों के साथ ही नहीं
व्यक्तियों
सम्बन्धों
स्थानों
और स्थितियों के साथ भी

यही हुआ
कविताओं के साथ भी...

गद्य में

इस्तीफ़े लिखते हुए भी अगर
कोई सुन्दर वाक्य सम्भव हुआ
तो सुख हुआ

शोक-सन्देशों में भी जब चले आए
कुछ चमकते हुए वाक्य
तो चकित हुआ

अनुबन्धों-सम्बन्धों को तोड़ते हुए भी
तलाश रही वाक्य-विन्यास की

अतिरिक्त ज़िम्मेदारी से हटाया अतिरिक्तताओं को
क्योंकि अच्छा गद्य ही हमारा पुरस्कार है

अगस्त

वह अभी आया नहीं है
बस आने को है—
स्वाधीनता की स्मृति का महीना

उससे पहले आई है बारिश
उससे पहले आई है उमस
उससे पहले आई है ग्लानि
उससे पहले आई है गर्मी
उससे पहले आई है पराजय

चोटें सब ऋतुओं में आई हैं
और वक़्त के साथ-साथ
जिस्म के रंग में रल-मिल गई हैं

ग़ुस्सा बाद में आया है
पहले आया है वह
पूछते हुए :
इस देश में रहते क्यों हो?

देश के नाम—एक नागरिक सम्बोधन

मेरा प्रेम इकतरफ़ा नहीं है
तुझसे
मेरे देश!

तूने ही दिये हैं वे जन
बेशर्त प्यार करने वाले
बात-बात पे सराहने वाले
दोस्त
तूने ही दिये हैं

तू मुझे कुछ और भी दे
मेरे देश!

मेरी उम्र उतनी नई नहीं रही अब

मेरे दु:ख उतने सहज नहीं रहे
कि सुख लगें

मुझसे सहन नहीं होता अब
यह भार
मेरे ही भाइयों का
उनका डर मुझे भी डराता है
अपराधी बनाता है
जवाबदेह और सन्दिग्ध
मेरे देश!

मेरी उपस्थिति को पक्ष दे
और अपनी आबादी को अहिंसा
मेरे वाक्यों को 'टेलीग्राफ़' की हेडिंग-सा बना दे
मुझे नई ज़ुबान दे खड़े होने की
मेरे देश!

तू मुझे इसलिए ही आकर्षित करता है
कि मैंने अभी ठीक से
तुझे जाना नहीं है
तुझे जान लूँगा
तब तू और आकर्षित करेगा
यक़ीनन

फ़िलहाल
मैं उनमें से एक हूँ
जो तुझमें दूर-दूर तक नहीं जा पाए
पर मैं जहाँ तक जा पाऊँ

तेरी ही दूरियों में
तेरी ही दूरियों से जाना चाहता हूँ
मेरा संसार तू ही है
मेरे देश!

मैं तेरी प्रकृति में
अपना हृदय खोजता हूँ

पर तुझसे बात करते हुए अब
यों लगता है
जैसे काँटों-भरे पथ पर चल रहा हूँ
एक-एक शब्द के लिए झुकता हूँ
आगे के काँटे हटाता हूँ
बच-बचकर शब्द रखता हूँ—

मेरी अभिव्यक्ति को
इस सन्तुलन
इस चयन से मुक्त कर
मेरे देश!

मुझे कहने दे—
खुलकर
रहने दे—
जीवन-भर
अपने प्रेम में
जैसे तेरे अगस्त की हवा
रहने देती है—
नमी को

मन-भर

मेरी आँखों को भर आने दे
अपने भाइयों-बहनों की तकलीफ़ से

ठहरे हुए आँसू
थका देते हैं व्यक्ति को
पैर उठते नहीं
सिर घूमता-सा लगता है
मेरे देश!

तेरी बस्तियों में
पहले से आराम नहीं है
बहुत ज़्यादा हैं चीख़ें
और सिसकियाँ
और रुँधे हुए गले
और चुप
देह पर दिये गए दाग़ हैं दंगाइयों के

संघर्ष को तप्त रक्त से दे भर
आन्दोलनों की अविकल अहिंसा को अजेय कर
अमर विरोधाभास दे
महापुरुषों-सा

ताक़त से उसकी चमक
उसकी हँसी
उसका भाषण छीन ले
मेरे देश!

तू उन हाथों से मत निकल
जिन्होंने तुझे गढ़ा

चोट लगने के बाद ही
नई चीज़ें मिलती हैं

मुझे सही हाथ दे
मेरे देश!

वे जो तुझे
बहुत मन से
तबाह करने में लगे हैं
उन्हें पहचान
और रास्ते से हटा
मेरे देश!

मेरे
आज़ाद
देश!

हिन्दी पखवाड़े के कवि

वे सितम्बर में पैदा हुए—
सरस्वती की कृपा से वंचित
पर उन्हें ही प्रणाम करते हुए

इस सभ्यता के लिए आदर्श हैं वे
चप्पल-जूते उतारकर मंच पे चढ़ते
सारे मलबे से अपना परिचय बहाल करते हुए

वे क़ौम के लड़के हैं
अपना मक़सद याद है उन्हें
कवि होना नहीं

उनकी देह पर एक भी दाग़ नहीं
सब कुछ केसरिया
चेहरा जैसे चन्द्रयान

नौसिखिए और निष्णात का अन्तर
व्यक्त करता हुआ
एक गतिशील शोधपत्र हैं वे

उनका होना एक शरारत है हमारे साथ
साथ हमारे ही क्यों हुआ उनका होना
होना उनका क्यों हुआ हमारे साथ

पर यह सब कुछ इतना नया
और इधर का भी नहीं
उधर का भी नहीं

यों कह सकते हैं :
जो पहले इलाहाबाद में होता था
अब प्रयागराज में होता है

और प्रयागराज में इतने प्रयोगराज
कि लगता ही नहीं—
कोई प्रयोग अब शेष है

मैं क्या कहूँ!
इतना ही कह सकता हूँ—
क्या कहूँ?

एक ही दुःख

मेरे पड़ोस में
चार महीने की बच्ची की
मृत्यु का दुःख
समझ में नहीं आता

एक ही दुःख है
जिसे चार पंक्तियों में तोड़ दिया मैंने

मुझे प्रत्येक दुःख समझना चाहिए
लेकिन नहीं समझ पाता

पुरुषों को नहीं समझ आते
स्त्रियों के दुःख
और न ही स्त्रियों को

पुरुषों के

पैंतीस की उम्र में
नहीं समझ आते
पचपन के दुःख
पचपन में नहीं पचहत्तर के

बिहारियों को नहीं समझ आते
राजस्थानियों के दुःख
और न ही पंजाबियों को
असमियों के

एक पत्ती कितनी अलग है
दूसरी पत्ती से
और एक कुत्ता
दूसरे कुत्ते से

इतना वैविध्य है संसार गें
कि एक-से नहीं हैं
एक-से लगते दुःख
एक ही पंक्ति में लिखे हुए

सोना

सोते हुए सिर
खोजते हैं कोई अवलम्ब
जहाँ वे टिक सकें
कोई उन्हें हटाए नहीं

उनकी तयशुदा जगहों और
तयशुदा जगहों से बाहर भी
निश्चिन्त नींद नहीं

उनके बिस्तर पर उपस्थित है
संसद
समाज
न्यायालय
और पत्रकार

ख़्वाब ख़ून-ख़ून हुए जाते हैं
एक शदीद नंगई है सब तरफ़
आँखों से उतरकर
हाथों को विवश करती हुई

अब इस मुल्क में अफ़वाह कुछ नहीं
अफ़वाह ही सब कुछ है

एक फ़ाशिस्ट के परिवार की तस्वीर

बाईं तरफ़ से देखें : वह मेरा भाई है—सपरिवार सेल्फ़ी लेता हुआ। उसके बग़ल में मेरी भाभी है फिर मेरी माँ और माँ की गोद में भाई की सबसे छोटी बच्ची फिर बहन और उसकी गोद में उसकी बच्ची और उसके बग़ल में भाई की बड़ी बेटी है। तीन और सम्बन्धी भी हैं फ्रेम में—आराध्य, आराधना और प्रकाश की तरह।

एक सुखी परिवार की तस्वीर जैसी हो सकती है, यह वैसी ही है। इस तरह की तस्वीरें सम्भव हो सकें, इसलिए हम अपने परिवार को बचाते हैं—पूरे श्रम और कर्त्तव्य से। इसमें से कोई एक भी न रहे तो हमें दुःख होता है। एक-एक करके सब मरते चले जाएँ तब भी हम कम से कम एक को बचाने का श्रम और कर्त्तव्य नहीं छोड़ते।

इस प्रकार के परिवार-निर्माण के बीच समाज-निर्माण के स्वप्न ध्वस्त हो चुके हैं—पूरे श्रम और कर्त्तव्य से किया गया है यह काम

भी—परिवार चलाने की तरह ही। जलते हुए कूड़े-से दिमाग़ भरे हुए हैं हमारे परिवार में। परिवार के मुखिया के चेहरे पर सबसे ज़्यादा कालिख है। उसे देखकर बच्चे डरते नहीं, उसके जैसे होते जाते हैं। पत्नी पूरे प्यार से परोसती है उसे भोजन, भले ही पिटती हो रोज़ भोजन के बाद।

इस सबके बीच सबसे ज़्यादा प्रतिरोध है सड़कों पर
शब्दों में सड़कों से भी ज़्यादा
सबसे कम प्रतिरोध है परिवार में।

आवाज़

बहुत कुछ सुनाई नहीं दे रहा है
तुम्हारे नारे उनमें से एक हैं
कह लीजिए—आवाज़ नहीं आ रही है

जिन्होंने ज़्यादा सुनी हैं आवाज़ें
वे भी अब कह रहे हैं—
आवाज़ नहीं आ रही है

किसी भी भाषा या जगह में प्रवेशो
यही सच है—
आवाज़ नहीं आ रही है

तुम पूछ रहे हो
मैं कह रहा हूँ—
आवाज़ नहीं आ रही है

आज्ञा से चाचाजी

आओ! आओ!! आओ!!!
आ चुके हो इस बिल्डिंग में तो आओ
और भीतर आओ
पहले कभी आए नहीं होगे आओ...

ये बाहर खड़ा है मेरा ही बॉडी डबल
तुझे रोकेगा-टोकेगा-पूछेगा—किससे मिलना है
तू बताएगा वो पूछेगा उससे जिससे तुझे मिलना है
वो कहेगा आने दो तो वो आने देगा
जानकारी सारी तेरी लेकर एक रजिस्टर पर
बैग चेक करके तेरा

मेरा,
मेरा,
मेरा क्या है!

तू देखेगा इस बिल्डिंग में सब ओर चिपकी हुई मेरी आज्ञाएँ
थूकेगा खाकर पान-गुटखा या कुछ भी या यूँ ही
ले लिया जाएगा तुझसे फ़ाइन

वो अलमारी टूट रही है
या टूटती-सी लग रही है
टूटकर मैनेजर से नहीं लगते मैनेजर पे गिर रही है
उसे वैसे ही रहने दे वो गिरेगी नहीं

यहाँ जो कुछ भी गिरता हुआ लग रहा है
गिरेगा नहीं
लगेगा गिरने लगा है मगर गिरेगा नहीं
[न-न-न...वो शे'र मत याद कर
मैं शे'र नहीं सुनता
शेयर लेता हूँ
और रील्स देखता हूँ—
उसका ही असर है, होगा]

कूपन-कोड चेक कर
ये मैनेजर कुछ नहीं मैनेज कर सकता
अगर सब ओर मेरी आज्ञाएँ न चिपकी हुई हों
तू देख नहीं रहा इसने कोट पहना नहीं है
टाँगा हुआ है—
टूटे हुए हैंगर पर
पर ये भी गिरेगा नहीं
लगेगा गिरने लगा है मगर गिरेगा नहीं
[न-न-न...]

ये आईटी हेड जिससे तू मिलने आया है
अब तक लॉकडाउन से प्रभावित है
मैंने पूरे एक साल तक इसे महीने में
केवल दस दिन की सैलरी दी
अब बढ़ाई है
वर्क ऑन होम बहुत मज्जेदार लगता था न
अगर ये वर्क करे तो
सलवार या किचन में ही घुसा रहे...
तो मैं क्या कर सकता हूँ!
भतेरे घुसे हैं...

ऑफिस्स आओ भैन के लौ...,
अब सातों दिन...
नहाओ
मास्क लगाओ
हटाओ
चाटो
दिन में केवल दो बार बाहर जाओ
एक बार खाने
एक बार पीने [जो मन हो]
मूतने भी कम जाओ
देखियो, उसका ले मत लियो
हरामी है स्साला...
हार्ड...
नौ बजे से अगर एक मिनट भी लेट हो तो हाफ्फ लगवाओ
और नौ घंटे से अगर एक मिनट भी कम दे तो भी...
जय शम्भू कहने वाले कर्मचारियों को टॉफ्फी दो
न कहने वालों को दौड़ा लो गंदे नाले तक

वहाँ जहाँ भाजीवाले खतम हो चुके होते हैं

केवल मैरिड महिलाओं को ही अलाऊ करो
फिर भी देखियो इसकबाजी न हो
सब केबिन के बाहर लाल बत्ती लगाओ
बताओ
मैं किसी भी केबिन में
किसी को भी लेकर जा सकता हूँ
किसी को भी गोद में बैठा सकता हूँ
जो भैनचो मना करे भगाओ उसको—
गंदे नाले तक
वहाँ जहाँ...

जहाँ-जहाँ स्वस्तिक लगा है
वहाँ-वहाँ जाना मना है
जब मैं बुलाऊँ तब ही आना
ध्यान रखियो
वैसे मैं तुझे बुलाऊँगा ही क्यों
भूतनी के, सीसी टीवी किसलिए है!...?

मैं कुछ नहीं कह रहा हूँ

एक व्यक्ति
मेरे बचपन का दोस्त
मेरे बग़ल में
मुझसे दूर
क्या करता है
मैं कभी जान नहीं पाया
जानना नहीं चाहा
वह खींचता-खिंचाता रहा तस्वीरें
और ख़ुश नज़र आता रहा
पत्नी और बच्चों के साथ
उसके बच्चे बड़े होते रहे तस्वीरों में
उसके बाल झड़ने और सफ़ेद होने लगे तस्वीरों में
मैं उसकी तस्वीरें पसन्द करता रहा
जबकि मुझे उसका वोट पता था

पता थीं उसकी रुचियाँ
उसकी नफ़रतें
और गर्वोक्तियाँ
फिर भी मैंने किया उसका अभिनन्दन
कहा तुम बने रहो
और तुम्हारी सत्ता
तुम्हारा ज्ञान
मैंने उसे बहुत प्यार से भाई कहा
फ़ाशिस्ट कहता तो वह कैसे जान पाता :
मैं क्या कह रहा हूँ।

किस व्यक्ति को

इस व्यक्ति को देखो
ग़लत नज़र आ रहा है

इस व्यक्ति को देखो
समझ से बाहर जा रहा है

इस व्यक्ति को देखो
इससे सम्पर्क नहीं हो पा रहा है

जिस व्यक्ति को देखो
इस व्यक्ति-सा नज़र आ रहा है

ख़राबियाँ

विकसित होने के लिए कायरता ज़रूरी है

मेरी याददाश्त ने मेरा साहस ख़राब किया
मेरी पहचानों ने मेरी याददाश्त
मेरे संस्थानों ने मेरी वर्तनी ख़राब की
मेरे मेहमानों ने मेरा घर

मेरे रोज़गार और मेरे दोस्त एक-एक कर मुझसे अलग होते गए
इस बीच वह हिन्दी भी नहीं रही जिसमें लिखना शुरू किया
ख़र्च के लिए दूसरी बोलियों और भाषाओं से
आदान और आहरण का काम चलता रहा
एक रोग धीमे-धीमे सब कुछ ख़त्म कर रहा था

मैं जिस तरह सोचता और बोलता था उस तरह ही लिखने लगा
बाद इसके मेरा बोलना सुनने के क़ाबिल नहीं रहा और
मेरा लिखना पढ़ने के
यों सब अमर हुए
बस एक मैं ही मारा गया

स्मृति-लेख (क)

दिन कम हैं मेरे पास
संस्मरण ज़्यादा
एक-एक कर गुज़रते जा रहे हैं—
समकालीन और दोस्त
और मैं हूँ कि घिरा हूँ—
स्मृति-लेख लिखने के अनुरोधों से

इन अनुरोधों को लगता है—
मैं लिख सकता हूँ
सबसे बेहतर स्मृति-लेख

मुझे भी लगता है

मैं संसारप्रसिद्ध स्मृति-लेखों का पाठक रहा हूँ

मुझे आता है—मृतक के उत्तर-जीवन का प्रबन्धन

लेकिन अब मैं थक रहा हूँ
—एक तत्काल में—
स्मृति-लेखों की माँग-पूर्ति करते-करते

मैं जानता हूँ—
अपने विषय का अन्धकार
मैं नमक-भर इनकार करता हूँ—
प्रत्येक अनुरोध के उत्तर में

यह कहने की ज़रूरत नहीं
कि मुझसे भी उम्रदराज़ व्यक्ति हैं इस समाज में
मैं ही सबसे वृद्ध नहीं हूँ
लेकिन यह कहने की ज़रूरत है—
मैं भी युवा था कभी और बूढ़े आते थे मुझे समझाने
जैसे ही दुपहर में बजती डोरबेल—
मैं समझ जाता—
वे आए हैं
धीरे-धीरे बूढ़े हो रहे को
यह बूढ़े हो चुकों का समझाना था

मैं कहता—
मैंने मान लिया आपको महत्त्वपूर्ण
अब आप मेरी जान छोड़िए

लेकिन वे कहाँ कुछ छोड़ने वाले थे
वे जब नहीं रहे

तब और ज़्यादा पकड़ा उन्होंने मुझे

महत्त्वपूर्ण को स्मृति घेरे रहती है
जैसे सुन्दर को सन्देह
असाधारण को रहती है मूल्यांकन की प्रतीक्षा
व्यथित रहती हैं हीनताएँ—
ईर्ष्या और अधैर्य से घिरी हुईं

मैं भी अब सम्पन्न हो रहा हूँ
इसलिए लिख रहा हूँ
स्वयं अपना स्मृति-लेख
कह रहा हूँ अन्तिम पंक्तियों में—
जब तक है मस्तिष्क और वर्णमाला
भुलाया नहीं जा सकेगा
कर्म को
महत्त्व को
स्मृति को...

अशोक-सभा

वह एक पूरे दिन की शोक-सभा थी
सुबह ठीक दस बजकर दस मिनट पर शुरू हुई
यह एक हँसता हुआ वक़्त है
शोक-सभाओं पर
इस बात का दबाव रहता है
कि शोक की अभिव्यक्ति के दौरान कोई अनहोनी न घटने पाए
लेकिन वह शोक-सभा तो जैसे अनहोनियों के लिए ही आयोजित
की गई थी
ढेर सारी गुलाब की पंखुड़ियों और अप्रतिहत ढंग से जलते
शुद्ध घी के दीये के बीच रखी
मृतक की मालायुक्त तस्वीर के आस-पास
कुछ मधुमक्खियाँ भिनभिनाए जा रही थीं

मैं उनके आख़िरी दिनों में उनके बहुत नज़दीक रहा हूँ

मैं उनके शुरू के दिनों में
मैं उनके साथ स्कूल में
मैं उनके साथ कॉलेज में
मैं और वह उन दिनों एक ही संस्थान में साथ काम किया करते थे
मैं और वह एक ही अख़बार लिया करते थे
मैं जब भी खाने के बाद मिठाई खाता वह मुझे रुपये नहीं देने देते
मैं जब शाम को चाय पीता...
-मैं-मैं-मैं-मैं-मैं-मैं-मैं-मैं-

मरहूम के जानने वालों में कोई इतना गंभीर पियक्कड़ भी हो सकता है
जो एक शोक-सभा में भी भरी दुपहर पीकर चला आए
इसका इल्म इस शोक-सभा के संचालक को नहीं था
जो यह बात जानता था कि मरहूम ने शराब को कभी
हाथ तक नहीं लगाया

वह पियक्कड़ जो लगभग एक बजे अपना शोक प्रकट करने के लिए
इस शोक-सभा में प्रकट हुआ
और लगभग इक्कीस मिनट तक घुमा-घुमाकर
सिर्फ़ यह बात दुहराता रहा—
यह वक़्त बहुत मुश्किल है
और फ़ाशीवादी ताक़तें मुल्क को कमज़ोर कर रही हैं

लेकिन यह सब कैसे हो रहा है
इसका कोई तर्क वह दे नहीं पा रहा था
वह बस हाथ उठाकर लगभग रोते हुए ऊँची आवाज़ में बार-बार यही
कहे जा रहा था—*फ़ाशीवादी ताक़तें मुल्क को कमज़ोर कर रही हैं*

इस वाक्य के दुहराव से आजिज़ आकर आगे की पंक्ति में बैठे

एक वरिष्ठ और रुसूख़दार व्यक्ति ने उसे टोककर डाँटते हुए कहा—
यह वक़्त मुश्किल है
यह वक़्त मुश्किल है
यह वक़्त मुश्किल है...मत करिए
आपके पास अगर मरहूम या मुल्क के बारे में कोई दूसरी बात हो तो कहिए
नहीं तो दूसरे व्यक्तियों को बोलने दीजिए

वह पियक्कड़ और वह रुसूख़दार लगभग एक ही उम्र के रहे होंगे
लेकिन पियक्कड़ उस रुसूख़दार को सॉरी सर सॉरी सर सॉरी सर कहते हुए
बहुत व्यथित मन से मंच से उतर गया

तत्पश्चात् संचालक ने कहा—*अब निर्गुण का गायन होगा*
जो लोग सुनना चाहे सुनें बाक़ी लोग बाहर खाना तैयार है खा सकते हैं

भोजनांतराल के दौरान पियक्कड़ शोक और चर्चा और उदासी का सबब बना रहा

वह पियक्कड़ सबसे अलग था—
राजमा-चावल को अपनी उँगलियों में लसेट-लसेटकर खाता हुआ
राजमा उसकी मूँछों तक फैल गया था और चावल नाक तक
पानी उससे कुछ दूर था

निर्गुण और भोजन ख़त्म होने के बाद शोक-सभा में संस्मरणों का दौर एक बार और शुरू हुआ
जिन्हें पियक्कड़ के ख़र्राटों के बावजूद लोग पूरे-अधूरे मन से सुनते रहे
इन संस्मरणों में कही गई कई बातें ऐसी थीं

जिनका स्वागत तालियों से होना चाहिए था
लेकिन शोक-सभा में तालीमार बातें भी तालियों से महरूम रह जाती हैं

चाय के अन्तराल से कुछ पहले पियक्कड़ की नींद टूटी
आँखें साफ़ करने के बाद जब वह सभागार से निकलकर चाय की
तरफ़ जाने लगा
तभी संचालक उसे किंचित चिढ़ाने के अन्दाज़ में बोला—*आप*
अच्छा बोले
इस पर पियक्कड़ ने कहा—*आपने भी अच्छा संचालन किया*
आपके भाई आपसे भी अच्छे संचालक हैं
और आपके पिता तो लगभग महान् संचालक थे

चाय के इलाक़े में लोग तीन-तीन चार-चार के संगठन में
साहित्यिक सामाजिक राजनीतिक आर्थिक पारिवारिक
चर्चाओं में मशग़ूल हो गए

पियक्कड़ का नशा कुछ हल्का हो चुका था
वह सलीक़े से चाय पीते हुए सुन्दर लग रहा था
एक शोध-छात्रा उससे कुछ पूछ रही थी
और वह बहुत संतुलित और धीमे स्वर में उससे पेश आ रहा था

शोक-सभा का समापन मरहूम के लिए लिखी गईं कविताओं से हुआ
इस कविता-पाठ में नगर के नामचीन कविताबाज़ शामिल थे
इस कविता-पाठ की आख़िरी पंक्तियाँ थीं—
इस शोक में शामिल कविताओं के लिए
आखिरी पंक्तियाँ नहीं थीं!

सम्मान

सम्मान के लिए समय से पहुँचकर
उन्होंने सम्मान करने वालों से जानना चाहा—
इस सम्मान का दफ़्तर कहाँ है?

दफ़्तर एक 20 एल बरगंडी एबीएस ब्रीफ़केस में था
जिसमें पूर्व-सम्मानितों की तस्वीरों से सजी कुछ फ़ाइलें थीं
और कुछ आमंत्रण-पत्र, रसीदें, समाचार-पत्रों की कटिंग्स वग़ैरा...

सम्मान-राशि का कहीं ज़िक्र न था
वह अपने ख़र्च पर चले आए थे
और अब ख़ुद को घाटे में महसूस कर रहे थे

धीरे-धीरे सम्मान होना शुरू हुआ
गेस्ट हाउस में उन्हें अपने कमरे के लिए

दो घंटे उन्नीस मिनट स्वागत-कक्ष में बैठना पड़ा
जहाँ स्वागत-सा कुछ नहीं था

दुपहर का भोजन एक स्वघोषित कहानीकार के यहाँ था
वह अपनी अति जर्जर एम्बेसडर कार को बहुत ख़तरनाक ढंग से
चलाकर उन्हें 'दीवान-ए-ख़ास' तक ले गया
इस स्वघोषित कहानीकार के नाम-राशि का एक कहानीकार
उसके पहले से ही उसके नगर में उपस्थित और प्रकाशित था
इसलिए इस स्वघोषित कहानीकार ने अपने नाम में अपनी जाति जोड़ी
लेकिन तब पता चला कि उससे दो सौ बाईस किलोमीटर दूर
इस नाम-राशि-जाति का एक कवि पहले से ही सक्रिय है
यह जानकर इस स्वघोषित कहानीकार ने अपने नाम
और जाति के साथ सिंगल इनवर्टेड कॉमायुक्त एक उपनाम जोड़ा
इस पर भी इस स्वघोषित कहानीकार की मुसीबतों का आख़िर नहीं था
उसे जल्द ही पता चला कि इस नाम-राशि-जाति
और सिंगल इनवर्टेड कॉमायुक्त उपनाम का एक ग़ज़ल-गो
उससे कुछ दूर पर ही बहुत मशहूर है
अब इस स्वघोषित कहानीकार के करने को कुछ नहीं था
पर ऐसे कैसे...उसने किया—
अपने नाम, जाति और सिंगल इनवर्टेड कॉमायुक्त उपनाम के साथ
एक और सिंगल इनवर्टेड कॉमायुक्त उपनाम जोड़ा
और अपनी मौलिकता पर बराबर हैराँ और मुतमईन होता रहा
कि अब इस संसार में मेरे नाम का दूसरा व्यक्ति मिलना नामुमकिन है

बहरहाल, इस क्षेपक से मुक्त होकर
शाम और रात का इन्तिज़ाम प्रेस-क्लब में
और अगली सुबह मुख्य सम्मान से ठीक पहले की ज़िम्मेदारी
हाई कोर्ट के एक वकील पर थी

जो सम्मानित को अपने स्कूटर पर
शहर के सबसे मशहूर कबाबों तक ले गया

वह ग़नीमत समझ रहे थे
कि वकील साहब कुछ लिखते नहीं हैं
पर तभी वकील साहब ने अपना ब्रीफ़केस खोला
उसमें चमचमाती हुई चारेक चीज़ें
किताबों की शक्ल में बाहर आईं
और वकील साहब ने फ़रमाया—
ये मेरी अहलिया की हैं
नासाज़ तबी'अत की वज्ह से वो आ न सकीं
ग़ज़ल कहती हैं
मानती नहीं हैं
अभी भी कह रही होंगी
चार मजमू'ए तो आ गए
बाक़ी जब कभी आपको फ़ुर्सत हो तो देखिएगा
उनकी ये दीवानगी किसी काम की है भी या नहीं...

अंततः मुख्य सम्मान की शाम आई
स्थानीयता को भरपूर चाबी देकर छोड़ दिया गया था
वह सँभल नहीं रही थी
सँभल ही नहीं रही थी—
पर्चियों पर पर्चियों के बावजूद
ट्रांसफ़ॉर्मर ही गर उड़ जाता तभी कुछ राहत मिलती
उन्हें पहली बार माइक के, मंच के, मनुष्य के—
आविष्कार पर दुःख हुआ...

जैसे-तैसे मुख्य सम्मान संपन्न हुआ

रात्रिकालीन सम्मान की व्यवस्था
कई कोल्ड-स्टोरेज़ के मालिक
किन्हीं अग्रवाल सा'ब के यहाँ थी

अग्रवाल सा'ब सम्मान करने से पहले ही मदहोश थे
सम्मान करने के बाद और हुए

फूल-मालाएँ उतर चुकी थीं
निर्णायक-समिति के विवेक और सौजन्य से तैयार प्रशस्ति-पत्र
और प्रतीक-चिह्न भविष्य में गर्द खाने के लिए सँभाले जा चुके थे
लेकिन सम्मान-राशि अब तक कहीं ज़िक्र में नहीं थी

अब यह बताने की ज़रूरत नहीं है—
वह अपने ख़र्च पर चले आए थे
और अब ख़ुद को घाटे में और भी घाटे में महसूस कर रहे थे

सुबह राजधानी से राजधानी निकलना था

वह रात के पुल को विकलता के पैरों से पार करते हुए
बहुत धीमे-धीमे टहल रहे थे
उनके क़दमों के नीचे थोड़ी शबनम और पीली घास थी

सूर्य की प्रतीक्षा इतनी दुर्निवार कभी भी न थी

समय कुछ सरका...
और पूरी तरह होशमंद अग्रवाल सा'ब
उन्हें सामने से आते हुए नज़र आए
आते ही अग्रवाल सा'ब ने एक लिफ़ाफ़ा हाथ में थमाया और बोले—

इनकार मत कीजिएगा, ये कुछ ख़ास नहीं है...

उन्होंने फिर भी कुछ क्षण इनकार का अभिनय करने के बाद
लिफ़ाफ़े को जेब के हवाले किया
और राजधानी से राजधानी रवाना हुए

इस बीच भर-सफ़र नफ़ा-नुक़सान सोचते हुए
उनके अन्दर से लिफ़ाफ़ा खोलने की हूक उठती रही
आख़िरकार उन्होंने लिफ़ाफ़ा खोला
और सुकून की साँस भरते हुए
अपने बग़ल के अपरिचित से अनायास ही कह बैठे—
घाटे में नहीं हूँ...

अपराध-कथा

एक रात मैंने अपनी आवाज़ खोकर
आँखें बन्द कीं
नींद नहीं थी वहाँ
प्रायश्चित था—
बे-आवाज़ हो चुकने पर

अगली सुबह
बदला जा चुका था मेरा इतिहास

सारे उजालों में
अपने हिस्से की मनुष्यता के लिए भटका मैं

मुझे इनकार मिला

फिर हमने यह देखा

[रघुवीर सहाय के प्रति]

चिन्ताएँ कुछ अपनी कम नहीं हुईं
सब हैं अब तक वैसी की वैसी
हाँ कुछ बदलीं पर मरहम नहीं हुईं

वह कील अब भी रोज़ निकलती है
इस दुःख को अब भी रोज़ समझना पड़ता है
टीस भला ये क्यों नहीं पिघलती है

पास का काग़ज़ कम पड़ता जाता है
'अपमान, अकेलापन, फ़ाक़ा, बीमारी'
वक़्त यही बस लिखना सिखलाता है?

हक़ के लिए हम अब तक लड़ते हैं
सारे महीने लगते हैं लम्बे-लम्बे
पैसे अब भी हमको कम पड़ते हैं

हम जब-जब कहते हैं अब अच्छा होगा
समय और कठिन होता जाता है
हमारा कहना आख़िर कब सच्चा होगा?

मकान-मालिक

एक दिन उसे आना ही है
महीने के एक दिन से अलग
चूँ-चपड़ पर रूमाल रखते हुए

वह घुस सकता है
प्रार्थना
सम्भोग
और नींद के बिल्कुल बीचोबीच—
बीमारियों पर आँख
फ़रियाद पर कान
और गुज़ारिश पर यक़ीन न धरते हुए
एक दिन उसे आना ही है

वह भी उन मकानों के मालिकों-सा ही है
जिनमें किराएदार रह रहे होते हैं
लेकिन जिन्हें बनवाया मालिकों ने
अपने रहने के लिए था

इस दौर की पैदावार

फ़ाशीवाद को मुल्क में आए दस साल हो गए लेकिन फ़ाशीवाद बीत नहीं रहा है इस दरमियान एक करोड़ अट्ठासी लाख बहुत गालियाँ बकने वाले हिन्दू और एक हज़ार एक सौ चौबीस बहुत जल्द घबरा जाने वाले बुद्धिजीवी पैदा हुए एक सौ चौंतीस के आस-पास बहुत बड़े पत्रकार भी इस दरमियान ही पैदा हुए जिन्हें बहुत जल्द घबरा जाने वाले बुद्धिजीवी पत्रकार नहीं कुछ और कहते रहे चार करोड़ उन्नीस लाख तेरह हज़ार आठ सौ नौ शुद्ध शाकाहारी और एक सौ नवासी वीगन और लगभग इतने ही पुजारी और गौ-रक्षक भी इस दरमियान ही पैदा हुए रोज़ शर्म से डूबकर मरने वाले चार हज़ार नौ सौ निन्यानबे टिप्पणीकार और शर्म की सारी नदियाँ पार कर लेने वाले अट्ठाईस हज़ार तैराक भी इस दौर की ही पैदावार हैं तानाशाह पर कविता लिखने वाले सात कवि भी इस दरमियान ही पैदा हुए और कविताएँ नहीं लिखने वाले तीन तानाशाह भी जहाँ तक मेरा सवाल है मैंने इस अवधि के दरमियान बीस के आस-पास दो हज़ार के नोट पैदा किये जो इससे पहले मैंने कभी पैदा नहीं किये थे।

एक राष्ट्र में मनोकामनाएँ

जिसने जो चाहा था वह उसे मिल गया है

जिन्होंने सरकारी नौकरियाँ चाही थीं
उन्हें सरकारी नौकरियाँ मिल गई हैं
जिन्होंने क्रान्तिकारी प्रेमिकाएँ चाही थीं
उन्हें क्रान्तिकारी प्रेमिकाएँ मिल गई हैं
जिन्होंने सीधी-सादी बीवियाँ चाही थीं
उन्हें सीधी-सादी बीवियाँ मिल गई हैं
जिन्होंने बाप बनना चाहा था
वे बाप बन गए हैं
और जिन्होंने लेखक बनना चाहा था वे लेखक

जो जिस चीज़ के पीछे भागा
उसकी साँस उखड़ने से पहले वह उसे मिल गई—
जैसे मुझे मेरा अध्ययन-कक्ष
और जनता को उसका हिन्दू-राष्ट्र

साढ़े नौ पंक्तियाँ

सड़कों पर भीगी बसें हैं
छातों में धैर्य है
छतों पर गमले हैं
घर में स्मृति है
किताबों में धब्बे हैं
पहाड़ों पर डर है
मौसम में असर है
टीवी पर आततायी है
फ़ोन पर प्रेम है
प्रेम में...

अनुपात

बहुत सारा चारा,
बहुत सारा गोबर
और इसके अनुपात में बहुत कम दूध...

मैं ज़्यादा रोज़ यह सब सह नहीं पाया
राम-राम पुकारते हुए घुस गया एक क्रूर कुहराम में

लोगों के पेशाब पर से गुज़रते हुए पकड़ी मैंने बसें
भंडारे खाते हुए देखे ऊँचे-ऊँचे भवन
और उनके अनुपात में छोटे-छोटे घर और पेड़
महानगर में रोज़गार मिलते ही
मैं भूल गया—
मुल्क में किसकी सरकार है
दस साल गुज़र गए मैंने न गाय देखी, न शेर

देखते-देखते देश
एक विशाल चिड़ियाघर में बदल गया
मुझे इससे क्या फ़र्क़ पड़ा
कोई पूछे तो बता न पाऊँ!

हाँ, मेरे कई दोस्तों के दस साल बुरी तरह बर्बाद हुए
वे या तो हिन्दी विभाग में मास्टर हो गए या कवि या झंड
इस शब्दावली के लिए मुझे मुआफ़ न करें
क्योंकि यही अब सही शब्दावली है—
पराभव के विश्लेषण की

24×7 सब जगह कमीने और उचक्के ही जीतते हुए दिखाई दिये
चूक और पछतावा तवक़्क़ो के लायक़ नहीं बचा

सारी तवक़्क़ो अब केवल एक पत्रकार से है
मानो सारा साहित्य अब केवल एक अख़बार से है
जिस पर खाना रखकर खाओ तो खाना गंदा हो जाए

क्या संस्कृतियाँ ऐसे ही पराजित होती हैं—
एक सरलीकृत अवसाद में!

यह भी गए दस सालों में ही हुआ कि दो-चार को छोड़कर
एक-एक करके
हिन्दी की अधिकांश प्रगतिशीलता खुलेआम
एक गिद्ध के पीछे लग ली—
जबकि मैं विनोद नगर से चलकर विश्वास नगर से आगे न बढ़ सका
विश्वास की लंबी यात्राएँ सुप्रीम कोर्ट और बाबाओं ने तय कीं

इस बीच सबसे ज़्यादा बेचैन हुईं स्त्रियाँ
सबसे ज़्यादा असुरक्षित हुए मुसलमान
सबसे ज़्यादा चुटकुले #मीटू और ईडी और ईसी और सीबीआई और
जेएनयू और युद्ध और ग़रीबों पर बने
सबसे ज़्यादा संघर्ष आदिवासियों ने किया
और कश्मीर ने
और मणिपुर ने

सबसे ज़्यादा चालू हुआ मार्क ज़ुकरबर्ग
सबसे ज़्यादा राजनीतिक कविताएँ मैंने नहीं लिखीं
क्योंकि सबसे ज़्यादा हास्यास्पद, दयनीय
और ज़िम्मेदार नज़र आए हिन्दी कवि।

प्रेस-विज्ञप्ति

बरगद के पेड़ के नीचे
अब तक कुछ नहीं लिख पाए लेखक का लोकार्पण हुआ
उस पर बातचीत हुई

लेखक ने कहा—
मुझे यहाँ तक पहुँचने में दस साल लग गए

आलोचक ने कहा—
यह यात्रा अदम्य जिजीविषा की है
और अब जब नया जनमत आने में कुछ रोज़ ही शेष हैं
मैं लेखक को बधाई देता हूँ

सभाध्यक्ष ने कहा—
काश मैंने भी कुछ नहीं लिखा होता!
इस लेखक के यहाँ कुछ नहीं लिखने का जो वैशिष्ट्य है
वह इसने ऐसी भारतीय जनता से लिया है
जिसके आगे अब बस पार्टी लगना बाक़ी है!

वेदना का विन्यास

विश्लेषण के शीघ्रपतन से ग्रस्त एक समाज में
कमज़ोरी का उपचार समझ में नहीं आता है

यह समय ख़ुद से बात करने का है, दूसरों से भी—
उन्हें दूसरा समझे बग़ैर

अब सब कुछ इस क़दर गद्य में है कि
कविता के लिए समाज को बीच से तोड़ना पड़ता है
जैसे :

कल आँधी आई थी। मैंने सारा घर बुहारा और छत और पड़ोस भी—पड़ोसियों को दोष दिये बग़ैर।

इस वाक्य को यों लिखना :

कल आँधी आई थी
मैंने सारा घर बुहारा
और छत और पड़ोस भी—
पड़ोसियों को दोष दिये बग़ैर

आगे की पंक्तियाँ हैं :

सोया देर तक
और थोड़ी देर तक

उठा तो चेहरे को ढक लिया
रूमाल से
फिर किताब से

खाया रात का भात
और आया काम से
—यह सोचकर—
विश्लेषण होता रहेगा
जल्दी क्या है?

समीक्षा

मैं पुस्तकों की समीक्षाएँ करता रहा
जीवन की समीक्षा उपेक्षित रही

घटिया लेखक निकल गए
घटिया समीक्षकों की गाड़ियों में
बेटिकट झगड़ता रहा मैं
सारी निकासियों पर

सवेरा कुछ दूर है—
दु:स्वप्नों का अतीत लिये हुए

कई रोज़ से
मैं कुछ पढ़ने की कोशिश कर रहा हूँ
लेकिन सिर का दर्द रोक लेता है
समीक्षको, सिर्फ़ तुम ही जानते हो वजह इसकी!

पाठक

वे आज जान पाते हैं
कल किये जा चुके की निरर्थकता
वैसे ही जैसे जानेंगे कल
आज की निरर्थकता

जीवन सतत निरर्थकताओं को जानने का पर्याय है

वे हमेशा चिन्तापथ पर चलते हैं
उन्हें लगता है
उनकी अनुपस्थिति में
घर की स्त्रियाँ अवैध सम्बन्ध बनाती हैं
घर में न हों स्त्रियाँ
तब वे चोरी की चिन्ता में घुलते हैं
उनकी नींद में लीक होती रहती है गैस
और सपनों में छूटती हैं ट्रेनें
जिन्हें अगर पकड़ भी लिया गया
तब भी उन्हें उतरना ही है पटरी से

सम्पादन

बड़े काम तो बड़े काम
छोटे काम भी ठीक से नहीं किये गए
क्योंकि उन्हें मान लिया गया छोटा
बड़े काम तो बड़े काम थे ही

एक कवि मर जाए इससे पहले
मैंने सोचा—उससे कुछ बात करूँ

उसने मरने से पहले
मुझे बहुत बड़ा साक्षात्कार दिया
यह कहते हुए कि
मुझसे अब कोई बात नहीं करता

इस साक्षात्कार की आख़िरी पंक्ति थी—
"इस समाज में हर लड़का गुंडा होना चाहता है
और हर लड़की रंडी।"

इस साक्षात्कार को कई सम्पादकों ने नहीं छापा
जिन्होंने छापा आख़िरी पंक्ति हटा दी।

वक़्त ज़रूरत

यों शुरू हुआ सब कुछ
कि ख़त्म होता हुआ महसूस हुआ

अन्धकार ही अन्धकार नज़र आया
प्रकाश में बोलते हुए

समय डूबता रहा
आवाज़ों के समुद्र में

सवाल
सारी दिशाओं से उठने लगे

अन्त में यह कहकर विदा हुआ वक्ता—
वक़्त कम है
लड़िए आप लोग
ज़रूरत है

यों सत्र यह समाप्त हुआ जाता है

आत्म-वक्तव्य

मैं घुसा ही यह सोचकर था—
कुछ नया करूँगा
पर मैंने पाया :
नए को
सबसे ज़्यादा साफ़ अगर कुछ नजर आता है—
वह बाहर का रास्ता है

मुझे खदेड़ा जाएगा
यह तय था
इसलिए मेरी सारी तैयारी
—शुरू से ही—
शहादत की थी

शहादत से पहले
मैंने बहुत कुछ नया किया
जिसके बारे में मुझे शहादत के बाद पता चला—
उसमें कुछ भी नया नहीं था

सब कुछ 'न' और 'या' जितना पुराना था

इस बीच मैं कभी प्रशंसा से घायल नहीं हुआ
क्योंकि बहुत कुछ मुझे झूठ लगता था

मैं रह सकता
तब इस तरह नहीं रहता
रहता बोलने की कला जानने वालों की तरह

मैं बह सकता
तब इस तरह नहीं बहता—
भावनाओं की तरह

मैं कह सकता
तब इस तरह नहीं कहता